COMMENT RÉALISER UNE ÉTUDE DE MARCHÉ ?

Lancez votre projet d'entreprise
en toute connaissance de cause

Par Julien Duvivier
Sous la direction de Soraya Belghazi

50MINUTES.fr

RÉALISER UNE ÉTUDE DE MARCHÉ

- **Problématique ?** Comment réaliser une étude de marché qui me permette d'avoir les idées claires avant de lancer mon produit/service ?
- **Utilité ?** Une étude de marché bien menée apporte des bases et une méthode pour toute personne souhaitant monter son affaire.
- **Contexte professionnel ?** Marketing, coaching, développement de réseau, création d'entreprise, gestion de projet.
- **FAQ ?**
  - <u>L'étude de marché est-elle vraiment indispensable ?</u>
  - <u>Comment mettre en forme mon étude de marché ?</u>
  - <u>Quelle est la différence entre l'étude de marché et le business plan ?</u>
  - <u>Comment réaliser une étude si je vends mes produits/ services uniquement sur Internet ?</u>
  - <u>Combien coûte une étude de marché ?</u>
  - <u>Comment savoir si mon étude est fiable ?</u>
  - <u>Quelle méthode adopter si mon projet est totalement innovant ?</u>

L'étude de marché est une notion qui peut sembler effrayante. Beaucoup, dans leur projet de création d'entreprise, se découragent avant même d'avoir cherché à savoir de quoi il retourne.

Il s'agit pourtant d'une étape cruciale qui, loin de vous conforter dans l'idée que votre projet est viable, doit vous permettre de confronter vos projections et intuitions aux réalités du monde extérieur. Ce monde extérieur, c'est justement ce qu'il convient d'appeler votre marché. Comme tout territoire, il a son fonctionnement, ses règles propres. Vous allez y rencontrer vos concurrents et votre clientèle, vous vous intéresserez notamment à la réglementation en vigueur et, de la confrontation de tous ces paramètres, vous pourrez déterminer votre positionnement, votre chiffre d'affaires prévisionnel, votre politique commerciale, etc.

Tout ce jargon peut paraître effrayant, mais n'a en réalité qu'un seul but : vous permettre de vous lancer en pleine connaissance de ce qui vous attend. L'étude de marché vous évitera de perdre un temps précieux si vous découvrez que votre idée ne répond pas aux besoins du terrain. Elle vous aidera encore à rendre votre projet viable sur le long terme en anticipant au mieux les évolutions de votre marché.

Que vous soyez expert dans le secteur d'activité visé ou totalement novice, cette étape est indispensable, ne serait-ce que pour définir un chiffre d'affaires prévisionnel, peaufiner votre technique de vente ou encore monter un business plan convaincant pour vos partenaires financiers. En effet, bien qu'elle n'ait pas valeur de prédiction définitive et fiable à 100 % sur l'avenir de votre affaire, l'étude de marché n'en reste pas moins la clé de voûte.

Ce livre a pour ambition de vous mettre sur la bonne voie et de faire en sorte que votre étude de marché, loin d'être une corvée, soit adaptée à vos besoins et devienne un réel tremplin pour votre projet.

RÉFLEXIONS PRÉALABLES

UN MARCHÉ : MAIS ENCORE ?

Un marché est un lieu (physique ou virtuel) où des individus appelés clients ou demandeurs rencontrent d'autres individus, appelés offreurs, pouvant répondre aux besoins des premiers et souvent même les susciter. Cette description s'applique donc aussi bien au marché des fruits et légumes qui se tient en bas de chez vous qu'au marché de l'emploi (les offreurs étant alors les entreprises, les demandeurs les chercheurs d'emploi).

BON À SAVOIR

Selon un sondage réalisé par l'APCE (Agence française pour la création d'entreprises) en 2005, plus de 70 % des échecs de nouvelles entreprises sont dus à des problèmes commerciaux, c'est-à-dire à une estimation erronée du chiffre d'affaires et de la stratégie commerciale à mettre en place, ces deux paramètres découlant directement de l'étude de marché.

POURQUOI UNE ÉTUDE DE MARCHÉ ?

- Le premier objectif de votre étude est la rentabilité. Vous devez vendre suffisamment de produits ou de services pour que vos recettes soient supérieures à vos dépenses. Pour ce faire, vous devez bien connaître les grandes tendances de votre marché, vos forces et faiblesses, etc. Vous devez avoir préalablement établi une stratégie commerciale qui s'appuie sur des éléments tangibles. Vous devez notamment savoir qui sont vos clients et vos concurrents potentiels, et à quel prix vendre vos produits.

- Le second objectif est la croissance et la pérennité. Votre offre a une durée limitée dans le temps et connaîtra :
  - une phase de lancement et de développement (qui impliqueront des investissements et donc un besoin en fonds de roulement qu'il convient d'anticiper) ;
  - une phase de maturité (durant laquelle vous aurez à ajuster vos prix et réajuster vos produits ou services pour fidéliser vos clients) ;
  - et une phase de déclin (qui ne signifie pas que votre projet tombera à l'eau, mais qu'il devra trouver son rythme de croisière et/ou se renouveler pour durer dans le temps).

L'étude de marché, sans prétendre anticiper précisément quand et comment se dérouleront toutes ces étapes, a pour but de poser en amont les jalons et prendre toutes les précautions nécessaires pour qu'aucune mauvaise surprise ne rende votre projet caduc.

<u>BON À SAVOIR</u>

Le besoin en fonds de roulement (BFR) est la somme dont vous devez disposer (la trésorerie) pour couvrir vos investissements. Centrale dans la vie d'une entreprise, cette préoccupation l'est d'autant plus dans la phase de lancement où des dépenses importantes sont à engager (locaux, fournisseurs, marketing et communication) alors que les ventes de produits ou services ne sont pas encore encaissées.

QUAND DÉMARRER UNE ÉTUDE DE MARCHÉ ?

Il n'y a pas vraiment de règle établie. Les recherches et démarches interviennent idéalement quelques mois avant le lancement, et avant l'établissement de la stratégie, qui se basera en général sur les résultats de l'étude. Mais cela dépend également de la complexité du projet, de votre disponibilité, des opportunités, etc. Ces facteurs peuvent notamment vous pousser à mener des recherches complémentaires ou à passer outre certaines comparaisons que vous jugez superflues.

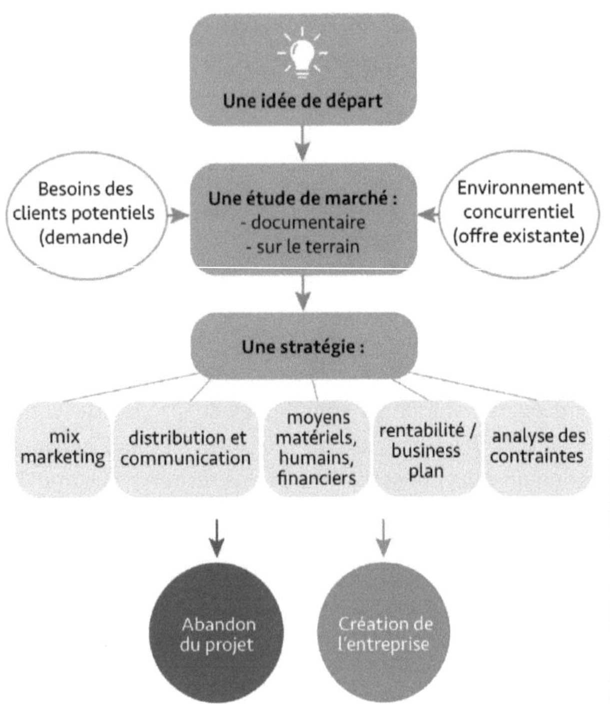

Une idée de départ
Besoins des clients potentiels (demande)
Une étude de marché :
- documentaire
- sur le terrain
Environnement concurrentiel (offre existante)
Une stratégie :
mix marketing
distribution et communication
moyens matériels, humains, financiers
rentabilité / business plan
analyse des contraintes
Abandon du projet
Création de l'entreprise
Réaliser une étude de marché © 50MINUTES.fr

B.A.-BA DE L'ÉTUDE DE MARCHÉ : SIMPLICITÉ ET RÉALISME

Le plan d'action que nous vous proposons vous permettra de conduire votre étude avec la simplicité et le réalisme qui doivent présider à ce genre d'exercice.

L'étude de marché repose généralement sur deux piliers :

1. l'étude documentaire, au niveau « macro », consiste à collecter des informations préalablement disponibles à propos du marché visé. Elle se divise en deux sous-parties : définition de la cible, et identification des concurrents et de la réglementation en vigueur ;
2. l'étude de terrain, au niveau « micro », consiste à collecter des données « à la source » afin de confronter les résultats de l'étude documentaire à la réalité du marché.

L'ÉTUDE DOCUMENTAIRE – PARTIE 1

L'étude documentaire va en premier lieu vous servir à définir votre cible. Pour cela, plusieurs étapes sont nécessaires.

Segments et profils de clientèle

Il vous faudra tout d'abord identifier des segments et des profils de clientèle.

- Segmenter votre clientèle, c'est définir, pour chaque offre que vous voulez proposer, un profil type de client, par exemple en fonction de l'âge, du sexe, du lieu d'habitation, du pouvoir d'achat, du niveau d'éducation, etc. Il en va de même pour les entreprises, si c'est à ce type de client que vous souhaitez vous adresser. Le nombre de salariés, le secteur d'activité ou le territoire sont des critères déterminants pour savoir à qui votre offre est principalement destinée. Vous pourrez ajuster votre offre en fonction des informations obtenues sur le ou les segment(s) que vous aurez identifiés. La segmentation est le point de départ de votre réflexion : elle est appelée à évoluer et fera très probablement l'objet de réajustements au fil de votre enquête, voire même de revirements au moment de l'étude de terrain.

- Définir des profils de clients revient à identifier, sur certains marchés, le prescripteur et l'acheteur, quand ils sont deux personnes distinctes. Le marché du jouet en est le parfait exemple : l'enfant est l'utilisateur-prescripteur, celui par lequel s'enclenche l'acte d'achat, et le parent est l'acheteur, celui qui détient le pouvoir d'achat. Il faut savoir comment s'adresser à l'enfant tout en prenant en compte le fait le que décisionnaire final est le parent.

C'est dans cette étape en particulier qu'il faut laisser votre bon sens, vos intuitions et votre expérience s'exprimer : vous connaissez souvent très bien vos segments sans en être conscient. La démarche de segmentation a pour but de mettre cette connaissance au service d'une réflexion plus approfondie.

Mario veut monter une épicerie fine proposant exclusivement des produits italiens issus de l'agriculture biologique dans le 20e arrondissement de Paris. Jeune trentenaire occupant un poste de cadre dans une start-up, c'est là qu'il vit actuellement. Connaissant bien ce quartier en pleine mutation, il se sait lui-même « cœur de cible ». Le premier segment qu'il vise, c'est donc lui-même : une population plutôt jeune, gagnant un revenu confortable, vivant à proximité, sensible à la qualité de ce qu'elle consomme. Il a également identifié comme autre cible son patron (la cinquantaine, très haut revenu, habitant un quartier voisin, amateur de grands vins) et sa compagne (30 ans, journaliste pour un site de mode, végétarienne, amoureuse de l'Italie depuis un premier voyage en Toscane trois ans auparavant).

Cet exemple a pour but vous montrer que vos segments sont souvent incarnés par des personnes proches de vous, ces personnes pouvant même être à l'origine de votre projet. Dans notre cas, on devine que Mario a l'intuition qu'en répondant à une attente qu'il ressent chez lui et chez son patron, il répondra à l'attente d'un segment important de la population du quartier. Il est essentiel à ce stade de se sentir libre d'explorer toutes les pistes et d'en parler avec des personnes de confiance qui pourront faire mûrir votre réflexion. Ce n'est qu'après, pendant l'étude de terrain, que vous vérifierez la véracité de vos projections.

Motivations, freins et modalités d'achat

Une fois vos segments et vos profils définis, il vous faut dans un second temps étudier les motivations, les freins et les modalités d'achat de vos clients.

- Les motivations d'achat peuvent être multiples :
  - le client hédoniste cherche à se faire plaisir avec votre produit/service. L'acte d'achat est purement lié à la sympathie qu'aura le client pour votre offre et ne répondra pas à un besoin rationnel. L'achat d'un produit nouveau peut par exemple flatter l'ego de l'acheteur en lui donnant l'impression d'être à la pointe de l'innovation.
  - le client rationnel est dans une logique avantages/inconvénients. Votre offre doit faire ses preuves, la cible doit se sentir en sécurité, être convaincue que vous répondez à un besoin et que, sans cet acte d'achat, elle passe à côté d'une bonne affaire.
  - pour le client porté par des motivations éthiques ou communautaires, c'est le sentiment de devoir et/ou d'appartenance à une communauté qui enclenche l'acte d'achat. On est ici à la frontière entre l'hédoniste et le rationnel. Cette motivation peut concerner aussi bien les clients de produits issus du commerce équitable (qui partagent ces valeurs de solidarité) que les amateurs de Porsche (plus qu'une voiture de sport, cette marque propose un style et une éthique de vie dans laquelle certaines personnes peuvent se reconnaître).
- Les freins sont tous les obstacles à l'acte d'achat :
  - si vous misez sur des motivations hédonistes, c'est

l'absence d'intérêt du client pour tout ce qui a trait à la possession, aux plaisirs qu'il jugera « futiles », qui constituera le risque principal. Tout comme la motivation, le frein à l'achat est difficile à anticiper. Tout se jouera sur votre capacité à rendre l'offre attractive (marketing, communication, force de vente) et sur la précision de votre segmentation.

- pour les motivations rationnelles, le frein se situe simplement dans le fait que votre offre est perçue comme peu avantageuse selon le curseur fixé par votre segment de clientèle. Dans ce cas, il faudra accorder une importance particulière au prix psychologique et à la présentation claire et simple des avantages de votre offre.
- en ce qui concerne les motivations éthiques et communautaires, le frein peut se situer dans un mauvais positionnement ou tout simplement dans le fait que le client désapprouve votre offre qui n'entre pas dans ses valeurs.

- Les modalités d'achat : où et comment achètent les clients ?
  - Une fois par semaine, par mois, par an ?
  - Sur Internet ? En magasin ?
  - Pour les entreprises : de gré à gré ? Par appel d'offres ?
  - ...

Vous devez maîtriser ces paramètres autant que possible – en étudiant les statistiques qui vous informent notamment sur les habitudes de consommation, le recensement de la population et les données locales disponibles. Il est indispensable de consulter le site de l'<u>Institut national de la</u>

statistique et des études économiques (INSEE) si vous êtes en France ou de <u>Statbel</u> si vous êtes en Belgique.

Taille de la cible

Troisième étape dans la définition de votre cible : vous devez à présent déterminer la taille de votre cible. Combien avez-vous de clients potentiels ? La raison principale pour laquelle cette étape est importante réside dans le fait qu'elle va déterminer directement votre chiffre d'affaires prévisionnel. En effet :

> **Nombre de clients potentiels** x **Prix psychologique** = **Chiffre d'affaires prévisionnel**

Il est important à ce stade d'avoir bien qualifié votre segmentation pour savoir exactement quel type de clientèle vous visez et sur quel territoire vous pensez pouvoir vous déployer.

EXEMPLE

Mario, après s'être renseigné sur le site de l'INSEE, sait qu'il y a environ 196 000 habitants dans le 20e arrondissement de Paris. Après un recoupement, il a pu déterminer – notamment grâce à sa connaissance des habitudes des résidents du quartier et des quartiers voisins – sa zone de chalandise (zone géographique d'où provient la majorité des clients d'un commerce) : il s'est aperçu qu'elle ne concerne en réalité qu'une partie limitée de cet arrondissement, mais s'étend en revanche sur une portion des 10e et 11e arrondissements. Il en arrive à une population totale d'environ 95 000 habitants. En contactant les mairies concernées, il obtient des informations plus précises sur la population de cette zone et, se focalisant essentiellement sur les critères de segmentation qu'il a fixés, sait qu'il peut toucher environ 20 000 clients.

Cette première estimation n'est pas représentative du nombre de clients que vous allez toucher. Il vous faudra encore affiner votre étude :

- en prenant en considération les parts de marché de votre concurrence ;
- en allant vérifier vos estimations par une étude de terrain (enquête, sondages, etc.) ;
- en prenant en considération vos capacités : en termes de temps, de moyens de production, de nombre de collaborateurs disponibles, etc.

Bon à savoir

La zone de chalandise se détermine de manière différente selon le type d'affaire. La zone de chalandise d'une épicerie se définit par exemple par un rayon de 300 mètres autour de son emplacement. On parle de zone primaire lorsqu'il faut environ 3 minutes à pied ou en voiture pour se rendre sur place et de zone secondaire pour un trajet de 10 minutes.

Le prix psychologique

Il est à présent temps de se poser cette question cruciale : à combien mes clients vont-ils acheter ? Le prix que vous allez fixer doit osciller entre un palier en dessous duquel votre client va considérer que votre produit n'est pas assez cher et de mauvaise qualité, et un plafond au-dessus duquel votre client va considérer que votre produit est trop cher.

Ce prix peut, pour un même produit, varier en fonction du contexte d'achat. Sur une aire d'autoroute par exemple, le client va accepter de payer des produits courants à un prix largement supérieur à celui qu'il estimera acceptable en grande surface.

Pour fixer ce prix, vous pouvez notamment vous appuyer sur :

- votre expérience et votre connaissance du marché ;
- le benchmarking effectué dans votre étude documentaire.

Dans un second temps, l'étude documentaire permettra d'identifier concurrents et réglementation en vigueur.

Les concurrents

Vous intéresser à vos concurrents vous permet non seulement d'estimer la part du marché qu'ils occupent, mais également de voir ce qui fonctionne pour eux et ce qui, à l'inverse, semble moins fonctionner. Grâce à ces observations, vous serez à même de différencier votre offre en définissant vos avantages concurrentiels.

La présence de concurrents sur un marché est, contrairement à ce que l'on pourrait penser, une bonne chose. Elle témoigne de l'existence réelle d'une demande et vous permet d'entrer en observation. Les informations recueillies sur les forces et faiblesses vos concurrents sont un atout précieux pour votre positionnement. Attention cependant à ce que le marché ne soit pas saturé : restez conscient que si vos concurrents sont trop nombreux et/ou contrôlent quasiment tout le marché, vous aurez du mal à vous imposer auprès d'une cible qui a déjà ses habitudes ailleurs.

L'absence de concurrents doit à l'inverse vous inviter à vous questionner sur la pertinence de votre idée : soit votre projet est innovant et, dans ce cas, il conviendra d'étudier en profondeur les opportunités et les risques de ce marché, soit il ne l'est pas et il serait sage, avant de vous lancer, de mener votre propre enquête pour déterminer les raisons de cette absence d'offre sur le marché.

On distingue généralement :

- les concurrents directs, qui proposent des produits ou services similaires aux vôtres et sont clairement identifiables. Si vous avez déjà réfléchi et fait des recherches sommaires pour délimiter votre projet, vous connaissez déjà les principaux ;
- les concurrents indirects, qui ne proposent pas exactement la même offre que vous, mais dont la présence sur votre marché est à prendre à considération parce qu'elle détourne votre cible de votre offre. Si vous avez par exemple pour projet de transformer un ancien corps de ferme en chambre d'hôte, vous devez non seulement vérifier les offres similaires (vos concurrents directs) dans votre zone de chalandise, mais prendre en compte également les hôtels, les campings, les particuliers mettant leur logement en location, etc.

La réglementation

Il peut y avoir des conditions d'installation fixées par la réglementation pour exercer certains métiers, par exemple une qualification ou un nombre d'années d'expérience minimum. On peut également exiger que vous ayez un casier judiciaire vierge, des garanties financières, une carte professionnelle, etc. D'autres règles et usages peuvent s'appliquer à votre activité. Qu'il s'agisse de règles d'hygiène ou de sécurité, de normes techniques ou d'autorisations délivrées par les autorités, vous devez connaître les normes en vigueur sur votre marché pour anticiper leur impact en termes de temps et de coûts.

Nous vous conseillons, en toutes circonstances, de contacter l'organisation compétente en la matière, par exemple la chambre de commerce de votre zone d'installation, pour vous renseigner précisément sur ces points avant de vous lancer.

L'ÉTUDE DE TERRAIN

L'étude de terrain complète l'étude documentaire et la confronte à la réalité. Elle peut être découpée en trois grandes étapes qui vont vous permettre d'entrer progressivement dans la réalité de votre marché.

PETIT PLUS

À ce stade de l'étude, votre comportement doit osciller entre celui d'un enquêteur et celui du futur chef d'entreprise : à l'affût de la moindre information, il s'agit plus que jamais de vous montrer curieux, stratège et audacieux.

La prise de contact avec des experts de la profession

Il s'agit de vous rendre à des salons professionnels ou de vous déplacer chez vos concurrents, vos fournisseurs, les commerçants du quartier d'implantation, pour y récolter un maximum d'informations, de prospectus, de ressentis, que seule une étude de terrain peut vous fournir : prix, diversité de l'offre, diversité des acteurs, type de clientèle, etc.

Si votre offre est dite « diffuse », c'est-à-dire qu'elle ne concerne pas spécialement une population sur un territoire donné, ou encore qu'elle concerne un territoire trop vaste pour être étudié dans son ensemble, choisissez un terrain d'étude pertinent. Par exemple, si vous souhaitez lancer une application mobile proposant un service de baby-sitting sur l'ensemble du territoire belge, focalisez-vous sur un nombre limité de villes où vous savez que la demande est variée dans son importance (selon les statistiques sur l'âge de la population que vous aurez pu recueillir) afin d'obtenir un échantillon représentatif de l'ensemble de votre segment.

En parallèle à cette démarche, vous pouvez contacter :

- les réseaux d'aide à la création d'entreprise. En France, vous pouvez notamment vous appuyer sur les chambres de commerce et d'industrie (CCI) et l'Agence France Entrepreneur (AFE) ;
- des personnes que vous savez expertes dans votre domaine d'activité et qui pourraient vous informer sur les tendances du marché, les pièges à éviter, les opportunités à saisir. Soyez vigilant en tout point avec ces contacts : les informations qu'ils vous donneront peuvent être une mine d'or, mais faites attention à ne pas leur dévoiler totalement les secrets de votre business.

La rencontre avec vos clients et concurrents

Observez, interrogez et, si possible, commencez à tisser des relations avec vos clients potentiels. L'idée n'est pas de vous transformer en représentant de commerce, mais bien de recueillir des informations capitales et de poser des questions pertinentes pour votre affaire. Vous pouvez par exemple compter le nombre de clients qui passent devant votre futur emplacement chaque heure, leur âge, leur proposer de goûter ou tester votre produit, les questionner sur leurs habitudes de consommation, etc.

Vérifiez que vos couples produit/marché (segmentation) fonctionnent bien. C'est la finalité première de l'étude de terrain. Vous devez évaluer vos hypothèses de chiffre d'affaires afin de voir si elles tiennent la route et s'il y a bien une clientèle cible pour votre offre sur ce territoire. Soyez intransigeant et tâchez de répondre sans vous voiler la face à ces deux questions :

- La demande est-elle suffisante pour faire tourner mon affaire ?
- Ai-je bien cerné mes clients ? Mes hypothèses de segment sont-elles vérifiées ?

Si la réponse à l'une de ces deux questions est plutôt négative, ne faites pas l'erreur d'un abandon hâtif ou, à l'inverse, celle d'une fuite en avant. Le but de l'enquête de terrain est justement de vous permettre de retravailler vos hypothèses de départ.

Faites la carte qualitative et quantitative de vos concurrents. Analysez le nombre, la taille et la localisation de vos concurrents directs et indirects. Répertoriez pour chaque concurrent les informations utiles que vous avez pu obtenir grâce à votre étude préalable, complétées par les informations recueillies sur le terrain. Vous pouvez notamment répertorier les différents produits ou services qu'ils offrent, leur présentation, l'importance et la fréquence de leurs ventes, la relation qu'entretiennent les dirigeants avec la clientèle, l'emplacement, le marketing et la communication mis en place, etc.

Les études complémentaires et les premières démarches de prospection

L'étude de terrain peut s'avérer relativement simple et sommaire, soit que vous soyez déjà, de par votre expérience, un expert sur votre marché, soit que celui-ci soit élémentaire (produits simples, clientèle homogène, etc.). Mais bien souvent, il faut aller plus loin et mener des études complémentaires qui viendront affiner votre analyse.

- **Les études quantitatives** (généralement réservées aux produits de grande consommation) consistent à interroger brièvement un nombre important de cibles (d'une centaine à plusieurs milliers de personnes) pour estimer, grâce aux lois de la statistique, une tendance générale. Ces questionnaires, très courts, sont généralement confiés à des cabinets spécialisés.
- **Les études qualitatives**, plus longues et détaillées, se focalisent sur un nombre limité de consommateurs ciblés (plusieurs dizaines de personnes). Elles permettent de connaître en détail les habitudes, motivations et les freins de ces personnes. Basées sur des questions ouvertes, elles visent à obtenir un maximum d'informations du client. Il est vivement recommandé de vous faire aider par un spécialiste pour déterminer clairement les questions pertinentes, l'ordre dans lequel elles doivent s'agencer, et pour analyser les réponses obtenues.

Ces études débouchent naturellement sur une phase de test et de prospection. Les personnes avec lesquelles vous serez entré en relation lors de votre première approche et celles que vous aurez interrogées si vous avez complété cette démarche par une étude qualitative sont potentiellement vos premiers clients. Bien que vous n'ayez pas encore créé votre société, vous pouvez d'ores et déjà vous constituer un fichier de clientèle et recevoir des commandes anticipées. Cette étape est très importante : elle vous permet d'apprendre à connaître votre clientèle et à jouer de votre réseau pour l'élargir progressivement. Elle vous apprend également à vous connaître en tant qu'entrepreneur. Quels sont les points sur lesquels je suis opérationnel ? Ceux sur lesquels il faut que je m'améliore ?

LES CONCLUSIONS DE VOTRE ÉTUDE

Vous voilà maintenant riche de toutes les informations collectées, vérifiées et recoupées que vous avez pu confronter sur le terrain à la réalité de votre marché en rencontrant notamment vos concurrents et vos futurs clients. Vous avez en plus acquis des réflexes qui ne vous quitteront plus, des contacts qui seront précieux par la suite et peut-être même avez-vous déjà reçu quelques commandes qui vous permettront de démarrer votre activité avec une clientèle active.

Il est maintenant important de finaliser votre étude de marché.

Votre stratégie commerciale

Il s'agit ici de déterminer vos avantages concurrentiels, ce que vous avez à offrir de plus que vos compétiteurs. Quelles sont vos forces ? Vos faiblesses ?

- **Définissez vos couples produit/marché : le positionnement**. Vous avez une connaissance personnelle de votre cœur de cible. Vous avez vérifié vos hypothèses et savez quelle gamme de produits va toucher tel client que vous visez particulièrement, quelle autre gamme va plutôt s'adresser à une clientèle plus diffuse et imprévisible, etc. Vous pouvez donc définir votre positionnement. Très liée à celle d'avantage concurrentiel, cette notion exprime la place qu'un produit ou un service occupe en fonction de la concurrence, des consommateurs et, plus globalement encore, de tout l'environnement du marché. Positionner un produit ou un service, c'est le rendre unique et clairement identifiable, soit par son prix attractif, soit par le fait qu'il est innovant (totalement nouveau, plus qualitatif, avec des fonctionnalités supplémentaires...), soit encore par les moyens mis en œuvre pour le mettre en valeur (stratégie marketing et communication).
- **Fixez vos prix**. Le prix de vente doit tenir compte de plusieurs paramètres, plus ou moins complexes selon l'activité. Quoi qu'il en soit, vous devrez prendre en considération :
  - le coût de revient. Il convient de fixer un juste prix. Suffisamment attractif pour vous permettre de vous positionner sur le marché, mais en même temps suffisamment élevé pour couvrir tous vos frais et vous éviter d'entrer dans une guerre des prix avec vos concurrents ;
  - le positionnement de la concurrence. Comment

mes concurrents réagissent-ils aux fluctuations du marché ? Comment les relations avec les fournisseurs peuvent-elles influer sur le marché ? Quelles sont les contraintes de ma profession et quels choix font mes concurrents pour les contourner ?

- ◦ le prix psychologique. Comme nous l'avons vu plus haut, il ne faut pas crever le plafond, mais gare également à ceux qui feront l'erreur de fixer des prix trop bas. Dans certains univers comme le luxe ou la restauration, votre positionnement peut même avoir pour objectif de flatter l'orgueil de votre clientèle en fixant des prix particulièrement élevés ;
- ◦ l'élasticité de la demande. C'est la propension qu'aura votre clientèle à se passer ou non de votre produit ou service en fonction des variations de son pouvoir d'achat. Un produit ou service est dit « élastique » s'il est sensible à ces variations.

Vos hypothèses de chiffre d'affaires et objectifs de ventes

Vous devez évaluer la faisabilité de votre projet sur le long terme tout en prenant soin de bien évaluer vos besoins en trésorerie pour le lancement de l'activité.

Tout d'abord, faites votre compte de résultat prévisionnel. Votre objectif est de déterminer quels seront vos résultats sur deux à trois ans. Ce qui comprend donc la première année (année « n »), ainsi que les deuxième et troisième années (« n+1 » et « n+2 »). Ces prévisions doivent vous permettre de répondre à votre première préoccupation : savoir si votre entreprise est viable sur le long terme. Généralement, la première année est déficitaire (plus de dépenses que de recettes) et vous ne commencez à dégager des bénéfices qu'à partir de n+1, voire n+2 pour des projets exigeant de lourds investissements au départ. Pour faire ce compte prévisionnel, vous devez rassembler tous les éléments dont vous disposez dans un tableau qui, pour un projet élémentaire, pourrait ressembler à ceci :

Compte de résultat prévisionnel Année « N »		
+	**Ventes (chiffre d'affaires)**	
-	Fournisseurs	
-	Frais généraux	
-	Personnel	
-	Intérêts financiers	
-	Impôts	
=	**Bénéfice**	

Cette estimation servira de base à votre business plan.

Déterminez également votre besoin en fonds de roulement (BFR). Le seuil de rentabilité (ou « point mort ») est atteint lorsque l'entreprise réalise un chiffre d'affaires qui couvre les charges fixes et variables. Au-delà de ce seuil, vous devez disposer de réserves financières suffisamment importantes pour faire face aux charges qui s'accumulent (parfois de façon imprévisible). Un manque d'anticipation sur ce point pourrait avoir des conséquences dramatiques qui vous contraindraient à stopper votre activité alors qu'elle avait, a priori, toutes ses chances de réussir.

Il est difficile d'évaluer le BFR avec précision, mais vous pouvez fixer une fourchette en vous basant sur tous les éléments que vous avez rassemblés au cours de votre étude. Ce sont toutes ces prévisions, basées sur les résultats de votre étude de marché, qui doivent vous permettre de déterminer s'il est judicieux de vous lancer maintenant dans cette aventure. À ces éléments purement objectifs s'ajoutent naturellement d'autres facteurs qui revêtent une importance capitale : votre motivation, l'adhésion de vos proches à votre projet, la confiance que vous mettez dans les personnes qui vous soutiennent financièrement, votre relation avec vos éventuels associés, etc.

TOP CONSEILS

- **Faites confiance à votre bon sens**. La méthodologie est importante, mais vos intuitions et votre sens de la déduction le sont tout autant : ce sont ces aptitudes qui vous guident et vous aideront à discerner, avec l'aide de cette méthode, ce qui va marcher de ce qui doit être revu, corrigé ou abandonné.
- **Soyez exhaustif**. Ne négligez aucun détail, aucune piste, aucun doute... Faites confiance aux vertus d'une étude de marché bien menée : évacuez tout ce qui n'a pas sa place dans votre projet et tirez le meilleur de votre idée initiale, son nectar. Ce n'est pas le moment de vous voiler la face !
- **Soyez précis**. Chiffrez, argumentez et allez au contact de votre marché autant que possible. Le résultat de votre étude doit être concret. Qu'il s'avère par la suite inexact importe peu : vous ne pouvez pas maîtriser tous les paramètres, mais vous pouvez faire des choix précis et mesurés que l'expérience viendra confirmer ou infirmer.
- **Soyez humble et audacieux**. Vous n'êtes pas censé tout savoir. Vos interlocuteurs se montreront coopératifs si vous reconnaissez – sans vous plaindre ! – que vous avez besoin de leur avis, de leur aide. N'hésitez pas non plus à contacter des personnes qui, a priori, vous semblent inaccessibles et dont l'attitude pourrait vous surprendre positivement.
- **Soyez patient... mais pas trop**. Ne vous laissez pas emporter par l'empressement et les questions du type : « Alors, ta boîte, ça avance ? » Vous sentirez naturellement quand votre projet est mûr. Mais attention, ne

cherchez pas non plus à contrôler tous les paramètres et à vous prémunir contre le moindre pépin : monter son affaire, c'est prendre un risque !

- **Sortez de votre caverne**. Intéressez-vous à votre marché, soyez en veille permanente, posez des questions à vos futurs clients et, si c'est possible, apprenez à connaître vos concurrents. Si vous n'êtes pas dans cette optique, il y a de grandes chances pour que votre projet ne soit pas encore mûr... Remettez-vous en question et acceptez la confrontation avec votre marché : c'est vraiment l'un des grands bénéfices de l'étude qui, au-delà de son utilité matérielle, doit vous permettre d'incarner votre projet et faire en sorte qu'il vous ressemble.

- **Vous êtes salarié ? Demandez un mi-temps, un congé création d'entreprise ou un congé sabbatique**. Selon certaines modalités et sous certaines conditions, la loi française vous accorde, pour créer votre entreprise, certains droits : de 6 à 11 mois de « congé sabbatique » ou un an reconductible de « temps partiel pour création » ou de « congé création ». Toutes les informations à jour sur ces sujets sont disponibles sur le site de l'Agence France Entrepreneur (AFE), anciennement APCE.

FAQ

L'ÉTUDE DE MARCHÉ EST-ELLE VRAIMENT INDISPENSABLE ?

Bien que légalement, aucune étude ne soit rendue obligatoire pour créer votre entreprise, cette étape est indispensable pour connaître votre positionnement, vos charges, votre canal de distribution, votre chiffre d'affaires potentiel, votre zone de chalandise, etc. Au risque de nous répéter, avoir l'impression de bien connaître le marché ne vous dispense pas de passer par cette étape qui, souvent, peut vous réserver des surprises ! Deux exceptions cependant, peuvent justifier qu'un créateur d'entreprise se passe d'étudier son marché :

- vous êtes autoentrepreneur et cette activité ne constitue pour vous qu'un à-côté ou une sorte de test à l'issue duquel vous déciderez de vous investir plus sérieusement, ou non. Le but du statut d'autoentrepreneur étant justement d'alléger vos démarches, faire une étude de marché à ce stade n'est pas indispensable ;
- vous lancez une activité innovante pour laquelle la rapidité de mise sur le marché est cruciale. Dans des cas bien spécifiques où vous devez absolument être le premier à vous positionner sur le marché, on comprend bien qu'une étude qui peut prendre plusieurs mois n'est pas la priorité.

COMMENT METTRE EN FORME MON ÉTUDE DE MARCHÉ ?

La seule réponse que nous pouvons donner renvoie chacun à sa responsabilité de chef d'entreprise : comme vous le sentez ! Vous êtes parfaitement libre quant à la présentation de votre étude qui doit avant tout être synthétique et structurée, afin de vous servir d'outil de travail efficace. Si vous avez déjà entamé une réflexion sur la charte graphique de votre entreprise, utilisez les éléments dont vous disposez. Mais personne ne vous reprochera, bien au contraire, une présentation simple et concise.

QUELLE EST LA DIFFÉRENCE ENTRE L'ÉTUDE DE MARCHÉ ET LE BUSINESS PLAN ?

L'étude de marché et le business plan sont souvent confondus. Ils sont en réalité deux étapes d'un même processus. Votre étude de marché valide ou invalide votre projet, elle permet de visualiser toutes les caractéristiques et les opportunités du marché et fixe un premier aiguillage. Le business plan est le document synthétique qui découle directement de cette étude et revêt un caractère plus officiel. Il permet de construire le projet dans ses moindres détails et sert d'argument pour convaincre vos partenaires financiers. C'est sur ce document en particulier que vous devrez soigner la forme.

COMMENT RÉALISER UNE ÉTUDE SI JE VENDS MES PRODUITS/SERVICES UNIQUEMENT SUR INTERNET ?

Suivez la même méthode en considérant que votre zone de chalandise, vos clients, vos concurrents, et tous les autres paramètres dont nous avons parlé, sont à envisager dans un espace qui n'est plus physique, mais virtuel. Utilisez au maximum les moteurs de recherche, les statistiques et études disponibles sur votre segment de marché, les réseaux sociaux et les sites internet de vos concurrents pour obtenir les informations qui vous manquent. Il est souvent bien plus simple d'obtenir des informations et de cibler une clientèle sur Internet où les communautés sont en fait plus visibles que dans l'espace public.

COMBIEN COÛTE UNE ÉTUDE DE MARCHÉ RÉALISÉE PAR UN PRESTATAIRE EXTÉRIEUR ?

Nous vous conseillons, autant que possible, de réaliser vous-même cette étude. Il est toutefois normal que dans le cas de certaines prestations complexes pour lesquelles vous n'avez pas les compétences requises, vous deviez vous tourner vers un prestataire extérieur. Parmi les options qui s'offrent à vous :

- le cabinet de conseil est le plus onéreux. Comptez au moins 8 000 € pour une étude complète ;
- les junior-entreprises (associations d'étudiants d'écoles de commerce ou d'ingénieur) proposent des prestations de niveau moindres, mais souvent réalisées sous l'auto-

rité d'un tuteur-enseignant. Il vous en coûtera environ 3 000 € pour une étude complète ;

- si votre business model est relativement courant, vous pouvez également acheter des modèles et des résultats d'enquêtes correspondant à votre projet. Cette démarche est plus spécifique et ne concerne souvent qu'un pan de votre projet. Comptez, selon l'importance de l'étude, de plusieurs dizaines d'euros à 1 500 €.

COMMENT SAVOIR SI MON ÉTUDE EST FIABLE ?

Votre étude est fiable si, à l'issue de celle-ci, vous avez un compte de résultat prévisionnel positif et que vous n'avez négligé aucun détail. Vous devez aussi accepter que les circonstances puissent bouleverser vos projections idéales : une étude de marché fiable prend en considération ces aléas. Elle doit vous rendre confiant sur vos chances de réussir, peu importe la conjoncture.

QUELLE MÉTHODE ADOPTER SI MON PROJET EST TOTALEMENT INNOVANT ?

Nous vous conseillons dans ce cas de contacter un cabinet spécialisé dans votre secteur. Vous pouvez également vous documenter sur la méthode Lean Startup, conceptualisée par Eric Ries (entrepreneur américain, né en 1978). Pensée pour être adaptable à tout projet novateur, cette méthode était à l'origine celle adoptée par de nombreuses entreprises de la Silicon Valley. Elle est aujourd'hui très utilisée par les créateurs de projets innovants.

À VOUS DE JOUER !

FAITES L'ANALYSE FFOM DE VOTRE OFFRE

Traduction littérale de l'acronyme SWOT (*Strengths, Weaknesses, Opportunities, Threats*), l'analyse FFOM propose une méthodologie originale pour déterminer :

- **vos Forces**. Quels sont les points sur lesquels vous êtes clairement certain de pouvoir vous appuyer pour développer votre business ?
- **vos Faiblesses**. Quels sont les points que vous savez ne pas jouer en votre faveur, les zones d'ombre qui pourraient être améliorées ?
- **vos Opportunités**. Quelles circonstances extérieures à votre offre peuvent jouer en votre faveur ? Sur quels contacts, évènements, tendances, pouvez-vous compter ?
- **vos Menaces.** Quelles circonstances pourraient, au contraire, jouer en votre défaveur ?

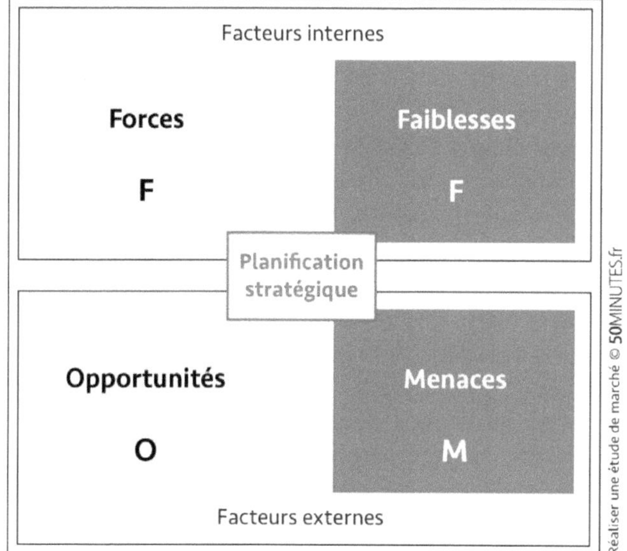

FAITES VOTRE PROPRE QUESTIONNAIRE

Les 5 règles d'or pour un questionnaire réussi :

1. **Fixez-vous un but précis sans chercher à orienter les réponses**. Si vous voulez par exemple savoir à partir de quel prix vos clients achèteraient votre produit, ne cherchez surtout pas à influencer leur réponse vers le prix qui, dans vos prévisions de chiffre d'affaires, vous permettrait d'être rentable rapidement.

2. **Focalisez-vous sur un seul segment**. Les cabinets de conseil et les junior-entreprises savent traiter avec brio

des données croisées et complexes. A priori, ce n'est pas votre cas. Votre « questionnaire maison » ne sera une réussite que s'il est clairement ciblé sur un type de clientèle bien précis.

3. **Soyez simple et précis dans vos questions**. Évitez les questions trop fermées (auxquelles vous n'obtiendrez en réponse qu'un « oui » ou un « non »), mais ne vous lancez pas non plus dans des questions qui pourraient amener les personnes sondées à se perdre dans des analyses hasardeuses. Privilégiez les questions à choix multiples et les questions ouvertes qui appellent à des réponses brèves.

4. **Partez du général pour aller vers le particulier**. Vos questions doivent marquer une progression et amener la personne interrogée à vous donner des réponses de plus en plus précises et/ou subjectives.

5. **Ne tirez pas de conclusions hâtives**. Une fois votre enquête menée, n'hésitez pas à vous tourner vers un spécialiste pour qu'il valide ou invalide vos conclusions.

Votre avis nous intéresse !
Laissez un commentaire sur le site de votre librairie en ligne
et partagez vos coups de cœur sur les réseaux sociaux !

POUR ALLER PLUS LOIN

SOURCES BIBLIOGRAPHIQUES

- BOUVIER (Xavier) (dir.), *Créer son entreprise*, Paris, Nathan - Les Échos, 2011.
- CHEVAUCHÉ (Cédric), *L'indispensable pour créer son entreprise*, Héricy, Éditions du Puits Fleuri, 2014.
- FROGER (Valérie), *Le guide complet de la création d'entreprise*, Paris, L'entreprise, 2011.
- GIANELLON (Jean-Luc) et VERNETTE (Éric), *Études de marché*, Paris, Vuibert, 2015.
- GUCHET (Lucie), *Se mettre à son compte en 10 étapes*, Héricy, Éditions du Puits Fleuri, 2013.
- RIES (Eric), *Lean Startup. Adoptez l'innovation continue*, Montreuil, Pearson France, 2012.
- SPETH (Christophe), *La matrice SWOT et la stratégie d'entreprise*, Bruxelles, Lemaitre Publishing, 2014.
- VINAY (Elizabeth), *Réaliser votre étude de marché avec succès*, Paris, Eyrolles, 2013.

SOURCES COMPLÉMENTAIRES

- BRAULT (David) et SION (Michel), *Réussir son business plan*, Paris, Dunod, 2016.
- LEAN ASSEMBLY, *Astuces pour faire l'étude de votre marché*, 2015. https://www.youtube.com/watch?v=-9jLpOZyjLw
- KOTLER (Philippe), *Marketing Management*, Montreuil, Pearson éducation, 2015.
- Site de l'Agence France Entrepreneur : www.afecreation.fr

- Site de l'Assemblée des chambres françaises de commerce et d'industrie : http://www.cci.fr/web/creation-d-entreprise/projet-reussite
- Site de la Direction générale Statistique : http://statbel.fgov.be/
- Site de l'INSEE : http://www.insee.fr/fr/accueil
- SOULEZ (Sébastien), *L'essentiel du marketing*, Paris, Gualino - Lextenso éditions, 2011.

Éditeur responsable : Lemaitre Publishing
Avenue de la Couronne 382 | BE-1050 Bruxelles
info@lemaitre-editions.com

ISBN ebook : 978-2-8062-6471-8
ISBN papier : 978-2-8062-6481-7
Dépôt légal : D/2017/12603/2
Photo de couverture : © Andrew Stefanovsky – Fotolia.com

Conception numérique : Primento,
le partenaire numérique des éditeurs.